Lk 7/209.

L'ÉGLISE
St GERMAIN D'AMIENS

Par l'abbé Jules CORBLET,

Vicaire de St Germain,

Membre résidant de la Société des Antiquaires de Picardie,
Correspondant de celles de Normandie, de la Touraine,
de l'Ouest de la France, de la Morinie,
de Belgique, d'Espagne, etc.

AMIENS
IMPRIMERIE DE E. YVERT
rue Sire-Firmin-Leroux, 24.
1854

L'ÉGLISE St GERMAIN

D'AMIENS

I.

Le Conseil municipal, dans sa séance du 4 novembre, a autorisé M. le maire à faire l'acquisition, au prix de 8,974 fr., des dix logettes qui sont adossées contre l'église Saint-Germain. Déjà plusieurs fois, l'autorité municipale avait songé à débarrasser cet admirable monument des ignobles échoppes qui en masquent l'aspect et en compromettent la solidité ; mais son bon vouloir avait rencontré jusqu'alors des obstacles insurmontables dans les prétentions exorbitantes des propriétaires.

M. le curé de Saint-Germain, qui trouve toujours dans son conseil de fabrique un concours si dévoué, et qui, en cette circonstance, a pu se féliciter de l'obligeante entremise de M. Dusevel, inspecteur des monuments du Département, est parvenu à ramener les propriétaires à des conditions acceptables. Elles ont été agréées par le Conseil municipal avec un empressement qui doit lui mériter à juste titre la reconnaissance des paroissiens de Saint-Germain et de tous les amis des arts.

Les barraques qu'on va faire disparaître sont presque aussi anciennes que l'église. Dès 1486, le Corps de ville donnait l'autorisation d'y accoler quatre *petits édifices honnestes*. Mais ceux qui avaient profité du bail à cens en violèrent bientôt les conditions les plus importantes, en élevant leurs échoppes au-dessus de l'embasement des fenêtres et en les faisant adhérer aux murs de l'église. Ils subirent, en 1487, un procès que leur intenta la Ville et furent condamnés à rentrer dans les conditions du bail. Les trois logettes qui sont à gauche du portail sont restées, jusqu'à la Révolution, la propriété de la Fabrique.

L'église Saint-Germain n'est point le seul monument d'Amiens auquel on ait infligé la honte de ces constructions parasites. La plupart des édifices religieux ou civils en ont été victimes, dans le cours du xve siècle. Le pilori était flanqué de six logettes ; les arches du cimetière Saint-Denis en abritaient douze ; l'Hôtel-Dieu en avait cinq, occupées par des boucheries (1).

Le conseil municipal avait voté l'an dernier un subside de quinze mille francs pour la restauration de l'église. Huit mille francs ont été affectés à l'exercice de 1854. On les consacre aux travaux de consolidation que réclamaient surtout les portails, la toiture et les galeries qui ont été gravement endommagées par le canon, lors du siége d'Amiens, en 1597.

La fabrique s'est également imposé des sacrifices pour faire opérer le ravalement général de l'intérieur. La première travée est presque terminée et l'on peut dès à présent constater l'intelligente habileté des ouvriers de M. Vast et pressentir le magnifique aspect que produira l'ensemble des restaurations, qui s'accomplissent sous la direction de M. Antoine, architecte de la Ville.

La massive tribune qu'on a fait disparaître sera remplacée par une construction plus légère qui n'absorbera plus un si large emplacement et dont le style sera en harmonie avec l'architecture de l'église. C'est là que seront placées les nouvelles orgues qui proclameront par leurs sons harmo-

---

(1) Manuscrits de Pagès, tom. 2. Bibl. comm. d'Amiens

nieux la générosité testamentaire de M. l'abbé Caron. Leur exécution est confiée à M. Charles Lefèvre qui a donné tant de preuves incontestables de son talent à Chauny, à Abbeville, à Roye, à Bapaume, à Ham et dans bien d'autres localités.

La charpente du Beffroi était en mauvais état. On a dû la reconstruire pour qu'elle puisse supporter les trois nouvelles cloches dont va s'enrichir notre église. La première pèse 861 kilogrammes ; la seconde, 641 ; la troisième, 523. L'unique cloche que nous possédions jusqu'alors porte la date de 1773, et a eu pour parrain M. Antoine Davelpy. Elle pèse onze cents kilogrammes. Elle appartenait primitivement à Saint-Firmin-le-Confesseur ; c'est pendant la Révolution qu'elle a été transférée à Saint-Germain. Elle servait à convoquer chaque mois les citoyens du district qui devaient prouver par leur acte de présence qu'ils n'étaient pas émigrés. Quant aux anciennes cloches, elles se trouvent actuellement à Oisemont : c'est un cadeau qu'un trop célèbre paroissien de Saint-Germain, André Dumont, a voulu faire à son village natal, en 1791.

Pour recouvrer toute son ancienne beauté, l'église Saint-Germain réclamerait encore bien d'autres restaurations. Il faudrait refaire le pavage, supprimer les mesquines boiseries du chœur et des chapelles, restituer aux fenêtres des vitraux imagés, rendre des statues aux niches qui en sont veuves et donner des galeries à jour au couronnement de l'édifice. Ne pouvons-nous pas espérer que ces projets se réaliseront dans un avenir peu éloigné ? Ne doit-on pas compter sur le concours des paroissiens, sur la sollicitude du Conseil municipal et sur l'intervention du Gouvernement, quand il s'agit d'un édifice qui tient le second rang parmi les monuments d'Amiens, et qui ne trouve point de rival dans le diocèse, après qu'on a écarté de la comparaison les églises de Saint-Wulfran et de Saint-Riquier.

II.

Saint-Germain n'était d'abord qu'un prieuré, dont le patronage et les revenus furent donnés, vers 1128, au monastère de Saint-Firmin-au Val, par Guy d'Amiens, seigneur de Flixecourt. En 1146, les revenus passsèrent à l'abbaye de Saint-Jean d'Amiens qui faisait desservir l'église Saint-Germain par un de ses religieux. Ce n'est que vers la fin du XIIIe siècle qu'elle eut des curés titulaire (1). L'église,

---

(1) Manuscrits de De Court. — Bibliothèque comm. d'Amiens.

qui devint, en 1218, la proie des flammes, fut sans doute reconstruite sur le même emplacement ; mais nous ne voyons aucuns restes de cette seconde construction. L'édifice actuel ne peut être antérieur à la seconde moitié du xve siècle. On sait qu'elle fut rallongée, en 1477, avec les matériaux des fortifications qui furent abattues par les ordres de Louis XI. Les archives de la paroisse possèdent des lettres d'amortissement délivrées en 1470 par le Roi, le Mayeur et les Echevins d'Amiens, au sujet de l'agrandissement de l'église. La partie la plus ancienne de l'édifice est donc antérieure à 1470, et d'un autre côté, l'examen attentif des caractères architectoniques ne permet pas d'en reculer la date au delà de 1450.

D'après les principaux historiens d'Amiens, ce serait le 4 juillet 1526 que l'église aurait échangé le vocable de Saint-Blaise contre celui de Saint-Germain. Mais cette date nous paraît fort contestable : car, d'un côté, De Court affirme que les actes originaux de la dédicace faite par Nicolas de Lagrené, évêque d'Hébron, ne font mention que de Saint-Blaise, et d'autre part, il y a, dans les archives de la paroisse, des documents antérieurs au xvie siècle qui donnent à l'église le nom de Saint-Germain. Elle était désignée, dans le cours du xvie siècle, sous le nom de *Saint-Germain-l'Ecos-*

sois, et quelquefois de *Saint-Germain de la Roue*. La première appellation servait à distinguer notre patron des autres Germain que l'Eglise honore d'un culte public: il n'est pourtant point absolument certain qu'il soit né en Ecosse, et comme le dit Adr. Perdu, avec plus d'exactitude archéologique que d'élégance poétique :

On ne sçait son pays, ny quand il prit naissance :
    l'anglois le prend pour soy ;
l'irlande le prétend ; mais la juste balance
    le donne à l'escossoy (1).

Le nom de *la roue* qu'on ajoutait à Saint-Germain fait allusion à un des miracles les plus populaires de ce zélé prédicateur de la foi, qui, ne trouvant point de vaisseau pour traverser la Manche, confia ses destins à une roue docile qui le conduisit des rives d'Angleterre sur les côtes de la France:

Ille est relictá qui patris mœsti domo
    Trajecit oceanum rotá (2).

La compagnie des mariniers, en 1492, avait fait don d'une verrière à l'Eglise Saint Germain ; en 1584, elle fit peindre la légende de son patron, St-

---

(1) Vita S. Germani scoti episcopi et martyris, patroni ecclesiæ parœcialis S. Germani Ambianensis. Editio secunda. Sanquentini, 1665.

(2) Officium S. Germani scoti. Sanquentini, 1665. (Prose de la Messe).

Nicolas, sur le mur du bas-côté gauche qui longe le chœur. On voit encore aujourd'hui quelques inscriptions de ces fresques, qu'on a recouvertes d'un ignoble badigeon, il y a une trentaine d'années (1). Ces peintures sont une des nombreuses preuves de la dévotion que nos ancêtres portaient à l'illustre évêque. Le pélerinage à la ville de Myrre n'était point rare au moyen-âge. Celui qui en revenait était introduit solennellement dans l'église collégiale de St-Nicolas ; il y recevait une couronne d'argent dorée et conservait, pendant toute l'année, le titre de Roi de la confrérie (2.)

En 1757, la paroisse Saint-Germain ne comptait que 550 maisons. La fabrique avait 1,200 livres de revenu. Elle nommait elle-même le diacre et le sous-diacre d'office. Elle avait été maintenue dans ce droit fort inconvenant, malgré les réclamations du curé, par un arrêt du 5 juillet 1712 (3).

Pendant la révolution, l'église fut convertie en boucherie. Là, où avait coulé le sang virginal de l'agneau sans tache, on versa le sang impur des bœufs. Le sacrifice trois fois saint qu'environne le

---

(1) C'est M. le docteur Goze qui en a débadigeonné une partie récemment. Nous devons quelques précieux renseignements à son obligeante amitié.
(2) P. Daire. Hist. d'Amiens, tom. 2.
(3) Manuscrits de Pagès, tom. 2.

chœur des anges fut remplacé par l'immolation des animaux immondes. Au lieu des paroles de paix qu'annonçaient les ministres d'un Dieu d'amour, on entendit, sous ces voûtes consacrées, retentir les grossières vociférations des garçons bouchers. Il ne faut pourtant point trop nous plaindre. Cette destination humiliante sauva peut-être Saint-Germain d'affronts plus cruels. Du moins, elle n'a jamais eu la douleur de voir la raison humaine, sous les traits de la débauche, venir insulter, jusque dans son temple, la raison éternelle !

III.

La tourmente révolutionnaire a bien pu dérober à St-Germain une partie de ses richesses artistiques, mais elle n'a pu lui ravir ce qui en fait le charme distinctif, la pureté et la simplicité de son style. Sous ce rapport, nous ne connaissons que fort peu d'églises du xve siècle, en France et à l'étranger, qui puissent rivaliser avec la nôtre. En général, le style flamboyant manque de gravité et de simplicité ; il remplace l'imagination par le caprice ; il recherche l'afféterie et s'épuise péniblement dans l'exubérance des décorations. Ces défauts dominants du xve siècle n'existent point à Saint-Germain. On dirait que l'architecture a voulu reproduire le caractère général de la paroisse : la dignité sans prétention, l'élégance sans affectation, la finesse sans jactance, la piété sans ostentation.

Comme la plupart des églises du diocèse, Saint-Germain n'a point de bas côtés tournants. Dans l'une des deux chapelles à voûte surbaissée de la nef gauche, on voit un groupe de pierre, composé de huit personnages, représentant le Christ au tombeau. C'est un don fait à l'église, en 1506, par Pierre-le-Coustellier, dont une clé de voûte reproduit les initiales et les armes parlantes.

On doit surtout admirer l'élégance de la fenestration, la légèreté des voûtes dont les clés s'épanouissent en gracieux fleurons, et la hardiesse des quatre piliers du centre dont le diamètre n'est pas plus grand que celui des autres piliers : ce qui est une exception fort rare aux habitudes normales de l'architecture gothique.

Le grand portail, qui malheureusement s'ouvre sur une rue en pente, se compose d'un seul porche, dont on admirerait bien davantage la charmante archivolte, si la plupart des statues, des dais et des consoles n'avaient pas été cruellement mutilés par la double influence du temps et des révolutions. C'est dans la maison qui faisait face au grand portail que naquit le célèbre physicien Jacques Rohault.

Les portes en bois sculpté des deux portails datent du xvie siècle. Là, comme partout ailleurs, la Renaissance s'est signalée par son rare esprit d'inconvenance : elle n'a pas eu honte de sculpter, sur la porte d'une église, le dieu Cupidon, dans son costume traditionnel, armé de ses flèches et de son carquois !

La tour est d'une date un peu plus récente que l'ensemble de l'édifice. Malgré la sobriété de son ornementation, elle est éminemment remarquable. Les ouies du clocher, du côté du nord, sont décorées de fleurs de lys circonscrites dans des ogives simulées. Il y avait jadis, aux quatre angles, quatre grandes statues de plomb doré. On les a supprimées en 1782, ainsi que les galeries et les arcs boutants, sous l'ingénieux prétexte d'alléger les voûtes d'un fardeau compromettant. Pendant la restauration du beffroi communal, en 1748, le guet fut placé dans le clocher de Saint Germain.

Une des richesses artistiques, dont on doit le plus déplorer la perte, est le magnifique jubé qui passait pour une des merveilles de la Picardie. Il était soutenu par huit colonnes ; ses bas reliefs représentaient diverses scènes de la Passion. Ce jubé, qui avait beaucoup de ressemblance avec celui de Saint-Etienne-du-Mont, fut détruit en 1736. Les débris en furent recueillis dans l'abbaye de Saint-

Jean, qui appartenait aux Prémontrés, et dont les bâtiments sont occupés aujourd'hui par le Lycée. (1)

Presque tous les vitraux peints ont été également détruits. On doit surtout regretter ceux qui étaient consacrés à la vie de saint Germain. D'après les Bollandistes, on les estimait mille écus d'or (2). « Les couleurs de ces vitres, nous dit Pagès, sont si éclatantes, qu'elles ont occasionné un proverbe qui court dans cette ville, au sujet de leur vivacité. » (3)

Il y avait autrefois plusieurs épitaphes remarquables dans l'église Saint-Germain. Celle de Marie de Berny, morte le 28 juin 1570, était d'un style fort quintessencié. En voici les premières strophes :

> Il faut qu'en ce sacré temple
> On contemple
> Ici un temple d'honneur,
> De vertus un riche vase,
> Une base,
> Et consommé de bonheur,
>
> Un flambeau, une lumière
> Singulière,

---

(1) On peut voir quelques dessins de ce jubé dans le manuscrit du musée de l'abbaye de Saint-Jean, que l'on conserve à la Bibliothèque communale.

(2) Bolland. act. S. S., t. 1. p. 60.

(3) Pagès, t. Ier, 4e dialogue, p. 59.

> Un autel de sainteté,
> Où étoient pour beaux ouvrages
> Les images
> De justice et de piété,
>
> Ça, faut que son nom je die
> Et publie:
> C'est Marie de Berny
> Qui a comme une fidelle
> Damoiselle
> Son biau fonds ici fourni (1).

Puisque nous sommes en train de signaler les actes de vandalisme qu'a subis l'église Saint-Germain, nous devons rappeler que c'est en 1825 qu'elle a été badigeonnée et que le chœur a été affublé de ses boiseries multicolores et de cette lourde gloire rayonnante qui masque les vitraux peints de la fenêtre absidale, et qui interrompt si brutalement la perspective de l'architecture. Nous devons être indulgents pour ceux qui ont cru, par là, donner un nouveau lustre au temple du Seigneur. C'était le goût de l'époque : personne n'y échappait. Quand on avait englué les plus fines sculptures d'un épais badigeon de couleur beurre frais; quand on avait grotesquement déguisé les piliers sous une chemise

---

(1) P. Daire. Histoire littéraire de la Ville d'Amiens, p. 475.

de bois ou de marbre ; quand on avait remplacé les vitraux historiés par des verres blancs qui ne font pas obstacle aux rayons du soleil ; quand on avait assemblé une mascarade de couleurs dans le sanctuaire, avec accompagnement d'anges bouffis, de pilastres cannelés, de chapiteaux corynthiens et de cartouches dorés, on croyait avoir atteint la suprême perfection de l'art. Dans le langage de ce temps là, cela s'appelait *embellir une église!*

IV.

Le vandalisme des iconoclastes et des restaurateurs a sans doute dépouillé St-Germain de richesses bien précieuses ; mais notre église peut se consoler de ces pertes, en voyant qu'elle a conservé son plus splendide trésor, — les reliques de son vénéré patron (1).

Saint-Germain naquit vers le milieu du cinquième siècle. Il fut baptisé par Saint-Germain-d'Auxère qui, en lui donnant son nom, semble lui avoir communiqué en même temps son zèle et sa sainteté. Il quitta bientôt sa patrie pour venir évangéliser les Gaules ; c'est là qu'il accomplit le célèbre miracle

---

(1) Elles ont été sauvées par M. Ledieu, curé de Saint-Germain. Sur ses réclamations, le district révolutionnaire s'est contenté de prendre l'argenture de la châsse.

qui lui a fait donner pour attribut iconographique un monstre à sept têtes. Laissons le P. Cauchie nous raconter ce merveilleux prodige :

« Un serpent à sept têtes, de prodigieuse gran-
» deur, qui ravageoit tout le pays, avoit de nouveau
» estouffé un enfant ; de quoi les paysans avertirent
» le saint qui, se faisant conduire à l'emboucheure
» de la caverne, où ce monstre se retiroit, sur le
» milieu du chemin, ayant trouvé le corps de l'en-
» fant, il le ressuscita, et estant arrivé au lieu, il
» entoura le col de ce cruel dragon de son estolle ;
» et ainsi il le mena aussi paisiblement qu'un mou-
» ton jusqu'à une profonde cisterne, dans laquelle
» il le jetta, et puis, il la fit combler, au grand eston-
» nement des idolastres, dont il s'en convertit cette
» fois plus de six cens; lesquels pour marque de
» leur véritable conversion brisèrent toutes les
» idoles et le simulachre du païs » (1).

Après avoir reçu la consécration épiscopale des mains de Sévère, évêque de Trèves, le saint pontife alla évangéliser l'Italie, l'Espagne et l'Angleterre, où ses miracles opérèrent un grand nombre de conversions. C'est sur les limites de la Normandie et de la Picardie que le courageux évêque régionnaire devait recevoir la récompense qu'il de-

---

(1) Vie de saint Germain martyr et pontife, par le P. Cauchie.

mandait à Dieu, pour prix de ses travaux apostoliques. Il fut martyrisé sur les bords de la Bresle, entre Aumale et Senarpont, par un *certain tyran nommé Hubauld, grand fauteur des idoles*. Un prieuré bénédictin s'éleva plus tard sur son tombeau et donna naissance au village de Saint-Germain-sur-Bresle (1). La crainte qu'inspiraient, au ixe siècle, les fréquentes invasions des Normands fit transporter les reliques du Saint, dans le diocèse de Laon, à Ribémont (2). En 1660, un curé de notre paroisse, le P. Cauchie, en obtint pour son église une portion considérable. Quelques années auparavant, il avait écrit une vie de saint Germain, dont deux exemplaires manuscrits sont conservés à la Bibliothèque communale. Elle a été imprimée, pour la première fois, à Amiens, chez Hubault, en 1646 (3).

---

(1) L'église romane de Saint-Germain-sur-Bresle est une des plus anciennes et des plus curieuses du diocèse. On y voit encore le tombeau de saint Germain, où l'illustre pontife est représenté foulant aux pieds le dragon monstrueux dont il avait vaincu la rage.

(2) Bolland. act. S. S., 2 mai.

(3) On en connait deux autres éditions, une de 1665, imprimée à Saint-Quentin, chez Claude Lequeux, et une de 1675, à Amiens, chez Caron. Cet opuscule est accompagné de l'office de Saint-Germain, selon l'ancien rit romano-gallican. M. Petit, vicaire de Saint-Germain, a publié, en 1824, un autre office patronal, selon le rit amiénois.

C'est en 1673 qu'on fit faire, pour les reliques de saint Germain, une châsse tout en argent qui pesait 85 marcs. D'après le dernier inventaire, daté de 1701, cette châsse contenait un grand nombre de joyaux dus à la généreuse piété des fidèles. Parmi les objets en or, nous voyons mentionnés : *un petit Saint-Esprit* orné d'un diamant, 23 bagues, 9 croix, une *sainte larme*, une médaille de Notre-Dame de Cambrai, etc. Parmi les joyaux en argent, nous remarquons 8 *Saint-Esprit*, 24 *chefs de Saint-Jean-Baptiste*, 7 reliquaires, 2 couronnes, des médailles de saint Germain, des croix, des anneaux, des alliances, etc.

L'autel dédié à saint Germain était également paré de précieux bijoux. On y voyait figurer une couronne d'argent doré, ornée de rubis et de saphirs, plusieurs colliers de perles fines, des diamants et des émaux. (1)

La Révolution, qui s'est emparé de toutes ces richesses, a fait aussi disparaître les reliques de S^t. Blaise, S^t. Lambert, S^{te}. Marguerite, S^{te}. Appoline et S^{te}. Benoite.

Les inventaires de 1634, 1644, 1689 et 1701, qui sont conservés dans les archives de la paroisse,

---

(1) Archives de la paroisse Saint-Germain, cote 1re, liasse 4e, 1re pièce.

nous révèlent bien d'autres pertes regrettables. Nous nous bornerons à mentionner les principales : — un reliquaire d'argent, où se trouvait la mâchoire de saint Blaise ; — un *hanappe* d'argent, dans lequel étaient enchâssés des ossements de saint Blaise ; — deux bras d'argent contenant des reliques de divers saints ; — un reliquaire de saint Nicolas ; — une croix d'argent doré renfermant une relique de la vraie croix ; — une autre croix pesant cinq marcs ; — une custode d'argent pesant 7 marcs 2 onces ; — un ostensoir en forme de soleil soutenu par deux anges, pesant 5 marcs ; — deux grands bâtons de chantre en argent, pesant 30 marcs, donnés par M. Bouché, curé de la paroisse ; — un ancien évangéliaire en parchemin ; — « *un vieux livre couvert de cuir escrit à l'antiquité où est escrite la vie de sainct Germain ;* » — douze tapisseries de haute lice données par les marguilliers. Il y en avait deux qu'on appendait aux chapelles de la Vierge et de saint Nicolas ; elles figuraient les mystères de l'Annonciation et de la Visitation. Les huit autres étaient consacrées à la vie de saint Germain, et faisaient le principal ornement du chœur (1).

Parmi les noms des donateurs, nous voyons souvent apparaître ceux de Lenormand, Dodevel, Bou-

---

(1) Archives de la paroisse. Registre des inventaires.

tehors et Louvencourt. On sait qu'Augustin de Louvencourt, qui contribua à placer la ville d'Amiens sous l'obéissance d'Henri IV, demeurait à l'hôtel de Montceaux, occupé aujourd'hui par la famille de Morgan. Les curés et les marguilliers de Saint-Germain ont presque toujours signalé leur administration par des bienfaits personnels. Cet esprit de pieuse générosité a été pour ainsi dire héréditaire et, sous ce rapport, les temps présents n'ont rien à envier au passé.

V.

En terminant cette rapide notice, il nous revient en mémoire qu'il existe sur la paroisse Saint-Germain un dicton populaire qui pourrait paraître offensant pour ses habitants, si l'on n'en précisait point la véritable origine. Les enfants de Saint-Germain vont solliciter de porte en porte, la veille du patron, quelques menues monnaies, pour faire entre eux un petit régal, et ils répètent ce singulier refrain :

Saint-Germain coucou
El fête d'chés fous.

Le P. Daire assigne à ce dicton une origine invraisemblable. Il raconte que la fabrique aurait refusé de s'engager à faire acquitter une messe par jour, en échange d'un fief situé à Mezières, rapportant un setier de blé par jour, par la raison que le blé était à trop bas prix. L'opinion publique aurait fait endosser par toute la paroisse la responsabilité de cette folie administrative. M. Guerard, dans un mémoire lu à la Société des Antiquaires de Picardie, le 27 février 1850, a démontré, par l'examen même des titres de la fondation, que cette tradition n'avait pas la moindre apparence de vérité. Il fait remonter l'origine du proverbe en question à une compagnie de fous, dont la fête se célébrait le 1ᵉʳ mai et dont on retrouve encore un souvenir confus dans les réjouissances qu'on prend aujourd'hui, la veille de saint Germain, dont la fête est fixée au premier dimanche de mai. (1)

Ce proverbe, nous tenions à le constater, n'a donc rien d'injurieux pour les paroissiens de Saint-Germain. C'est un souvenir des *Floralia* des Romains qui s'est beaucoup mieux conservé à Toulouse et à Evreux. Il rappelle simplement qu'il y a eu autrefois à Amiens une *confrairie de fols,* comme il en existait à Laon, à Noyon, à Senlis, à Dijon, à Paris, etc.; comme il y avait une compagnie des *sots* à Abbeville, à Ham, à Lille ; comme il y avait une compagnie d'*innocents* à Soissons, à Saint-Quentin, à Péronne, etc.

---

(1) Bulletin de la Société des Antiquaires de Picardie, 1850, n° 1.

Amiens est une des villes de France où cette bizarre fête des *Fols* ou des *Innocents* était le plus en vogue. On la célébrait le jour de la Circoncision ; les confrères élisaient entre eux un pape ou un évêque qui avait pour insignes une tiare d'argent, un anneau d'or et un sceau. En 1540, le chapitre contribuait encore à cette solennité, puisqu'il donna 50 livres tournois pour le repas du pape et des cardinaux des fous. Mais comme des abus s'étaient introduits dans ces naïves réjouissances, elles furent définitivement interdites par le chapitre, en 1548 (1).

Les évêques annuels des innocents d'Amiens jouissaient du singulier privilège de battre monnaie. Les monnaies ou plutôt les médailles qu'ils faisaient frapper étaient en plomb ; elles indiquaient quelquefois le nom de l'évêque et de sa paroisse. Les sentences qu'on y lit respirent une gaîté toute bachique ou rappellent quelque versets de l'Ecriture-Sainte. Presque toutes sont surchargées de rébus dont l'explication est devenue fort difficile aujourd'hui (2).

Le mémoire de M. Guerard que nous citions tout

---

(1) Manuscrits de Dom Grenier, xxe paquet, 1re et 2e liasses — Bibliothèque impériale.

(2) V. Monnaies inconnues des évêques des innocents et des fous, par M. le Dr Rigollot. — Revue numismatique, 1844, p. 301.

à l'heure n'est qu'un chapitre détaché de l'histoire complète de la paroisse Saint-Germain, qu'il prépare depuis de longues années. Espérons que cette publication, si impatiemment attendue, pourra coïncider, l'an prochain, avec l'achèvement des restaurations qui se poursuivent activement dans notre église paroissiale. L'église St-Germain pourra alors se féliciter d'un double bonheur : d'avoir trouvé tout à la fois un habile et consciencieux historien, pour raconter son passé, et un pasteur plein de zèle, pour en faire revivre les antiques splendeurs.

18 novembre 1854.

L'abbé Jules CORBLET.

Amiens, imprimerie de E. YVERT.

www.ingramcontent.com/pod-product-compliance
Lightning Source LLC
Chambersburg PA
CBHW060521050426
42451CB00009B/1100